JN418660

창조문학대표시인선 297

노을 무렵의 사랑

조정하 시집

창조문학사

| 시인의 말 |

지금 내가 걸어가는 길목은 여름 꽃은 다 지고 단풍이 물들고 있습니다. 나는 인생 가을에 접어 들었습니다. 시집 이름을 「노을 무렵의 사랑」이라고 정했습니다. 인생 가을을 살아가는 사람들의 평범한 노래를 불렀습니다.

어려운 것을 싫어하는 단순한 사람들에게 읽혔으면 좋겠습니다. 창밖에는 태양이 지고 난 후 남은 노을에 물든 하늘의 이야기가 있습니다. 그 이야기는 아름답지만, 나는 그 아름다움을 표현할 줄 모릅니다. 내 시집엔 사랑, 벗, 별, 꽃, 봄. 가을 이런 단어가 눈에 띌 것입니다.

나의 목소리가 누군가에게 작은 울림으로 남는다면, 시를 쓴 보람이 있겠습니다.

2023년 6월에

조정하

차례

제1부 익어가는 사랑

제2부 오늘 피워낸 꽃

제3부 당신의 정원

제4부 봄날

제5부 사랑의 선물

제1부

익어가는 사랑

초여름

어젯밤에는
별들이 많이 울었나 보다

꽃잎에
송송 맺힌 이슬

아침 꽃밭은
싱싱하게 물이 올랐다

어젯밤 별들이 이루지 못할
사랑 이야기를 했나 보다
뜰이 온통 젖어있다

한 잎의 잎새

그대가 나무라면
나는 다만 한 잎의 잎새여야 했다

불어오는 바람을 맞으며
바람과 함께 춤을 추는 초록빛 잎새여야 했다

가을엔 나는 그대와 함께하는
예쁘게 물든 잎새여야 했다

내가 그대를 떠나 땅에 떨어지면
바람에 시달리며 스러져 가는 낙엽이 된다는 것을,
내가 그대와 함께 있어야 비로소 빛을 발하며
아름다울 수 있다는 것을-

지금은 겨울
빈 가지에 하늘만 보이는 나무
바람을 쓸쓸히 맞는 그대는 나의 나무
아름다운 나의 우주
다시 태어나도 그대와 함께할 영원한 그대의 잎새였다

여자가 사랑에 빠질 때

여자가 사랑에 빠질 때는 순간이 있을 뿐
어제도 내일도 없다

여자가 한 남자를 깊이 사랑할 때
여자는 계산을 하지 못한다

그래서 그 여자에겐 순간이 영원이고
그 남자가 전부이고 신앙이다

초겨울

나는 가을이 걸어가는 뒷모습을 보았네
가을의 구부정한 어깨 너머로
진 푸른 하늘이 흐르고 바람의 목소리는 쉰 듯

나는 가을이 남기고 간 이야기를 잊지 않았네
모든 꽃은 한번 피면 지는 것이라고-

바람이 몹시 불던 날
언덕을 타고 낙엽이 펄펄 날리다 스러진 후
싸늘한 강을 타고 떠내려 온 겨울이

군데군데 하얗게 얼어 있었네

파꽃

체념은 아픈 파꽃
마음을 거두어야할 때
피어나는 꽃

그 꽃은 보랏빛으로 피어
여린 바람결에도 흔들리네

매운 내 고이 품은 채
푸른 하늘을 보네

잊어버리려고 고개 저었더니
매운 파꽃이 마구 피네

회상

그곳은 가로수가 있었지
노란 은행나무가 잎을 떨구고 있었네
너와 함께 걸었던 거리
가로등이 듬성듬성 있었어

네가 떠난 후
내 마음은 비어 있었지
모든 사람은 이별하면서 산다네

노랗게 물든 은행나무가 그 시절을 돌이키게 하는 밤
바람이 불 때마다 은행잎이 우수수 지네
내 곁에서 여전히 걷고 있는 너
친구야, 나는 아직 너를 보내지 않았나 봐—

첫눈

첫눈이 내려
당신을 생각합니다

다녀가신 후 소식을 주시지 않는군요
언제 기별을 주시려는지요.

첫눈을 보며
마음이 설레 입니다

잊으신 건가요?
눈발은 침침하게 휘날리고

기다림은 옛 주막인 양
밤이 깊도록 등불을 켜 놓고 있습니다

3월

가을날
하얀 풀꽃 씨앗이 날아다니다가
봄이면 꽃으로 웃네
당신과 나도 웃네

오늘도 기도하기를
내가 아는 모든 이들이 행복하기를
그래서 서로 웃으며 만나기
서로 따뜻한 마음으로 만나기

아직 세상은 얼어 있지만,
봄은 어김없이 찾아오고
봄 햇살에 웃는 우리들처럼
땅은 기쁨을 꽃으로 피우네

꽃나무 그늘 아래서

꽃나무 그늘 아래서
이웃집 여인과 이야기꽃을 피운다
정오의 지친 미풍이 불어와 우리를 스쳤다

우리들의 인생 가을
그녀는 이제 지난날을 미소 지으며 이야기할 수 있단다

한낮의 뜨거운 열기
스치는 바람
그녀의 정다운 눈빛은 나에게 기쁨을 준다

젊었을 적 수 없는 시행착오
먼 전설처럼 아득한 그녀의 얘기
지금의 그녀가 될 수 있음에 깊이 감사한다고

꽃나무 그늘 아래서 그녀의 이야기는 익어가고
뜨거운 햇빛에 7월의 녹음도 익어가고—

여름 해변

해변에서 우리는 맨발로
축축한 모래를 밟는다

스치고 지나가는 바람이 달다
총총하게 떠있는 별들

파도가 몰려와
우리들의 발을 시원하게 적신다

우리의 옛 시간을 사는
젊은이들의 싱싱한 목소리

우리는 이제 알듯하다
우리들은 시간의 한 모퉁이로 물러나 있음을

시간은 멈출 줄 모르는 강 같은 것
이승에서 영원한 것은 없다는 것
인생의 행복은 사랑하며 받으며 사는 것뿐

시가 되기 위하여

한 편의 시를 쓰기 위하여
해와 달이 많이 바뀌어 갔다면,
한 편의 시를 건져 올릴지도 모르겠습니다

영롱한 별빛을 많이 받고
하얀 햇살을 눈부셔 하고
비바람 속에서 많이 걸었다면,
시는 시의 옷을 입을지도 모르겠습니다

한 사람이 깊이 사랑을 하고
눈물의 맛을 알고
고통과 고독의 무게를 잘 안다면,
그 사람은 싱싱하고 생명력 있는
시를 낳게 될지도 모르겠습니다

탐욕

너는
사막의 열기이다

마셔도 마셔도 풀리지 않는
갈증이다

너는
눈먼 마음이다

금과 은으로 둘러싸여 있어도
채워지지 않는 밑 빠진 독이다

너의 노예가 된 사람은
사랑도 외면한다

아름다운 세상

세상엔 아름다운 것이 참 많아요
사람들의 웃음이 담긴 눈빛
버팀목이 되는 소중한 가족
정다운 나의 이웃들

봄
여름
가을
그리고 겨울

세상에는 아름다운 것이 참 많아요
변함없는 당신의 사랑
친구들과의 우정
부부간의 깊은 신뢰

우리들은 이 모든 것을 누리며 살아요
그리고 생명의 불꽃이 다하면,
안식의 당신 품으로 돌아가요

나는 당신의 눈빛이 좋다

사람들과 대화할 때
별처럼 반짝이며
진지해지는 당신의 눈빛이 좋다

그 눈빛은
이야기하는 사람으로 인하여
신이 나게 하고
신뢰할 수 있는 마음이 생기게 한다

나는 당신의 눈빛이 좋다
따스하고 정다움을 품은 당신의 눈빛은
보는 것만으로 마음을 푸근하게 하여
나는 당신의 눈빛에 비스듬히 기댄다

긍정의 말

아름다운 아침이다
창을 열면 신선한 공기

당신과 나의 대화엔
이제 “No”는 빠져 있다

서로에겐 언제나 긍정의 말
아침 공기처럼 산뜻하다

두터운 커튼을 열면
밝아지는 방안처럼

지금 우리들의 말에는
하얀 햇살이 묻어 있다

아름다운 아침이다
서로를 바라보는 눈빛이 따뜻하다

시인의 서거

어느 시인의
서거 소식을 들었습니다

내가 받아보고 싶었던 그녀의 새 시집은
끝내 받아보지 못했습니다

겨울비가 내립니다
어둡고 침침한 하늘

죽음을 생각하게 하는 빛깔입니다

당신은
낯 설은 순례의 길을 가고 있겠군요

차디찬 빗속을
쓸쓸히 홀로 걸어가고 있겠군요

마음 비우기

사진을 찍어요
우리에게 주어진 고운, 순간, 순간을

하나의 앨범을 만들어
먼 훗날 바라보려고요

시간은
밀물처럼 우리에게 밀려오고
썰물처럼 우리에게서 떠나가네요

정지된 것은 없지요
한 세대가 가고, 한 세대가 오듯이

세월이 흐르고 있어요
이승에서의 것을 움켜잡을 것은 없습니다

벗

숭고한 목표를 지니고 걸어가는 이와
벗이 될 수 있음은 축복이다

나도 조금씩 그 목표를 향하여
걸어갈 수 있을 테니까

서로에게 복이 되는
말속에서는 햇빛이 비친다

사랑한다는 것은
남을 배려하는 일

따스하고 부드러운 눈빛으로
서로를 바라보는 일

아름다운 마음을 지닌 이와
벗이 될 수 있음을 깊이 감사하는 아침.

해변

햇볕이 유난히 고운 날은
당신의 눈은
하늘빛보다 더 진한 바다 빛

나는 당신의 눈가에 앉아
하얀 조개껍질을 주어요

햇볕이 유난히 하얀 날
당신의 눈은
하늘빛보다 더 진한 바다 빛

나는 당신의 무릎 위에 누워
몰려오는 파도 소리를 들어요

익어가는 사랑

겨울 하늘이 눈이 부시게 푸르다
하얀 햇살은 쌓인 눈 위에 쏟아지고

나의 하루가 쏜살같이
달리고 있다

마음은 하늘빛 허공
창공으로 가볍게 날아오르는 새

마음엔
서정시가 흐르고 있다

인생의 가을에 접어든 사람들
모두가 아름답다
다 사랑을 먹으며 익어가고 있다

성탄절

아기 예수 오신 밤은
찬란한 별밤
바람이 스쳐 별들이 노래하는 듯

진리이신 이여
생명이신 이여

할렐루야
할렐루야

깊은 밤
향기로운 노래 소리가

눈멀고 귀 먼
우리들의 마음속에 들어왔네

빛이여
사랑이여
우리에게 오셨네

제2부

오늘 피워낸 꽃

오늘 피워낸 꽃

삶이란
하루하루 새로운 꽃을 피우는 일

당신의 꽃에 가시가 있어도
나는 고운 꽃을 피워야 하리

모든 것은 순간이고
다 지나가는 것

숨 한번 크게 내쉬면
이렇게 평화로워 지는 것을

돌아서면 우리는 웃으며
새로운 꽃을 피우지

오늘 당신이 피워낸 꽃
오늘 내가 피워낸 꽃

호수

호수 위에 폭풍이 몰아치면
너는 침묵해야 하리

인내하며
기다려야 한다

호수가 잠잠해 지고
수면 위에 햇살이 반짝일 때까지

호수 위에 폭풍이 몰아치면
나룻배를 띄우지 말라

고요해 진 후
비로소 생각이란 걸 하게 될 테니—

봉헌

오늘 하루
나는 복을 지을 수 있을 것인가?

따뜻한 말
햇살 같은 말을 한다면,

누군가의 마음에 들어가 상처를 아물게 하고
기쁨을 주는 그런 말을 할 수 있다면,
나의 하루는 곱게 익어가리라

나는 당신으로 하여 다듬어 지기를 소망한다
혀를 다스리기를 열망하며

항상 당신의 지혜 안에 거한다면,
당신의 사랑 안에 거한다면,

나는 당신께
나의 새 날을 온전히 봉헌할 수 있겠습니다

누구일까요?

아무도 말해주지 않았는데
세상은 봄이라고 푸르게 단장을 한다
나무들은 푸른 눈망울을 트고
꽃밭에는 노란 튤립이 가득 핀다

아무도 말해주지 않았는데
하늘에 태양은 더 따뜻하고
바람결은 부드럽다

아무도 말해주지 않아도
애벌레들은 알에서 깨어 나왔고
어느새 왔는지 철새들이 날아다닌다

어쩌면 소리를 듣지 못하는 건 사람뿐
모두가 다 듣고 있는지도 모른다
하기야 사람들도 날씨가 따스하면
곱고 가벼운 옷을 입는다

아무도 말해주지 않아도 우린 알고 있는 것 같다
짐승들이 때가 되면 짝을 찾는 것처럼

연인이 결합해서 한 몸이 되는 것처럼
우주에 놀라운 질서를 정해 놓으신 이는 누구일까요?

좋은 아침

당신의 날은 늘 새롭습니다
오늘도 당신이 나에게 주신 새 하루를 시작합니다

똑같은 일상인데도 새벽은 늘 새롭고
계절이 바뀔 때마다 맛보는 신선함입니다

오늘도 기쁨을 누리고, 평화를 누리며
감사하는 아침

당신 안에서
사랑을 노래하는 좋은 아침입니다

눈 내리는 날

오늘은 눈이 내리며
들려준 이야기를 하고 싶네

풍성하게 내리는 눈은
쌓인 눈 위로 또 쌓이고

눈은 나지막한 소리로
그냥 쉬라 한다

허물은 하얗게 덮어지고
오직 사랑만 빛나고 있다고—

오늘은 쌓인 눈 위로 눈이 내리는 날
당신과 나의 허물이 하얗게 덮어진 날

그녀가 피워낸 꽃

어제 그녀가 피워낸 꽃은
나에게 향기롭지 못했지

그 꽃으로 인하여
내 마음은 어두웠고 슬펐다

빛 안에서
꽃을 피우는 향기로운 친구들

그 향기로움은
나에게 기쁨과 평화를 주지만,

어두운 꽃을 피우는 친구는
나에게 깨달음을 주네

스스로에게 도취해 있는 친구는
벗의 마음을 슬프게 하네—

이른 봄

귀 기울여 봐요
봄의 발자국 소리
얼음 녹는 소리

쌓인 눈은 흙속으로 스며들었고
양지 바른 곳엔 푸른 풀잎

누그러진 바람에 수선화가 활짝 피어나고
따스한 햇살에 꽃망울 터지는 소리

우리 겨울을 벗어 버려요
금이 간 마음에 하얀 햇살을 쬐어요

봄이 오는 소리
당신의 맑은 웃음소리

나의 노래

당신이 들으시는 나의 노래는
때론 기쁨으로 가득 차 있고
때론 조금은 슬프고
때로는 습한 바람이 붑니다

그런 나의 노래를 듣고 난 후
당신은 말합니다
나의 노래를 들으며 쉴 수 있다고

그 말은 나로 하여금
오늘도 노래하게 합니다

한 여름 더위 속에서 불어오는 시원한 바람같이
어둠 속에서 희미하게 보이는 불빛 같은
그런 노래를 부르고 싶습니다
일상에서 잠시 떠나 당신이 쉴 수 있다면—

부부

당신은 밥 같은 사람
매일 먹어도 질리지 않네

아침에 눈을 떠 서로를 보며
우린 빙긋이 웃고

언제 보아도 정다운 당신
언제 먹어도 질리지 않는 밥

이따금 별식처럼 찾아오는
친구가 있어 기쁘고

내 삶의 기둥이 되는
당신이 있어 행복하네

오늘도 우리의 하늘은 청명하고
마음엔 사랑이 가득

노래를 부르자

오늘도 나는 노래한다
마음엔 꽃피는 소리
노래는 나를 향기롭게 하고
깊은 골짜기로 초대한다

음악의 골짜기
오솔길을 걷노라면,
어느새 나는 가장 행복한 여인

노래를 부르자
집착을 버리게 하는
행복의 골짜기로 가보자

나는 로빈새를 좋아해

5월이 오는 길목에서
연두 빛 새순이 자라는 나뭇가지 위에 앉아
깊은 명상에 잠겨있는
나는 로빈새를 좋아해

갈색의 날개에
오렌지 빛 가슴을 둥그렇게 하고 앉아서
먼 하늘을 바라보며 고개를 갸웃대는
나는 로빈새를 좋아해

나의 창 앞 물오른 나뭇가지 위에 앉아
오래오래 하나님께 기도 드리는
너는 사랑스러운 새

신선한 아침 나도 당신께
감사와 기쁨의 찬양을 드리네
나 가진 것 없어 가난한 마음을 드리네

노을 무렵의 사랑

당신이 나에게 주는 사랑이 이제 밥과 같다면,
내가 당신에게 주는 사랑도 밥 같았으면 좋겠다

우리는 밥을 떠나 살 수 없네
날마다 밥을 먹으며

우리의 사랑은 여물어 가고
끼니때마다 식탁에서 주고받는 사소한 대화

이런 대화가 빠지면 우리의 삶은
얼마나 건조할까

인생의 노을 무렵 당신의 사랑은 밥
나의 사랑도 이제 당신에게 밥이고 싶다

눈사람

그때 당신은 눈사람이더니
사랑을 안 후 녹아 내렸어요

봄이 오고 새싹이 돋아나고
꽃이 피었지요

여름엔 시원한 그늘을 드리어 주는
그대는 이제 초록빛 나무

그때 당신은 눈사람이더니
진리를 안 후 물이 되었어요

얼음덩이 같았던 자아가
이제 사라졌네요

반응하라

그가 네 문을 노크하면
외면해서는 안 된다

그는 하얀 옷을 입고
온유한 모습으로 네가 문을 열기를 기다린다

하늘은 푸르고
비둘기 떼들이 훨훨 날아오르고 있었다

정원에서는
핏빛 사루비아가 타올랐다

그의 복된 접근에 반응하라
자유롭고 싶거든,
진정 행복해 지고 싶거든—

테러리스트

너는 검은빛 악어
밤낮 먹이 감을 찾는—

하얀 이빨이 날카롭다
눈빛이 잔인하게 번득인다

잔잔한 호수에 몰래 숨어 들어온 너는
죽음을 몰고 다니는 검은빛 악어

너는 사람들 목숨의 꽃으로
네 트로피를 만든다

오늘의 기도

병원에서는 이상이 없다는데
그는 피로를 호소해요

한달 만에 살이 10 파운드가 빠져서
나는 근심스러워
당신께 무릎 꿇었습니다

제발 당신의 청진기로 샅샅이
그의 몸을 진찰해 주소서

사람이 할 수 없는 것을 하시는 이여
항상 마음 치장을 하고 기도했던 나는

오늘 아침
벌거숭이 마음이 되었습니다

말이란

말이란
때론 불이기도 하고 향기로운 꽃이기도 하지

오해를 낳기도 하고
상한 마음을 치료 하기도 하네

말이란 때론 날카로운 비수가 되기도 하고
봄비처럼 심령에 생기를 주기도 한다

좋은 열매를 맺는 말
나쁜 열매를 맺는 말

가장 하기 쉬우면서
가장 하기 어려운 것

말이란
당신이 누구인가를 말해준다

조가비

무늬가 고운 조가비들
*너는 바다가 낳은 아이들

하얀 모래사장을 걷는다
발자국을 남기며

5월이라 아직은
당신의 따뜻한 체온이 좋다

바다 내음 나는 하얀 조가비들
가득 들고 집으로 온다

*어디서 읽은 것 같은데 생각나지 않음

제3부

당신의 정원

사랑

젊었을 적에
당신께 느꼈던 놀라운 환희

격렬하게
몰려오는 파도와 같이
이제 그런 사랑은 없어요

사랑의 형태가 달라지듯
사람의 마음도 달라지는 것

나이가 들수록
사랑은 차분하고 깊어지네

인생 가을에
우리는 서로의 잘못을 참아주네
서로의 마음을 따스하게 하네

당신의 정원

높은 담 속에
숨어있는 당신의 정원

그대가 지금까지 쌓아 논 담
내가 지금까지 쌓아 논 담, 다 헐어 버리고

그 동안 가꾸어 온
내 정원을 보여 주리니

그대가 심어 논
진귀한 꽃들이 있는 정원을 보여 주세요

부부 2

우리는 살아가면서
서로에게 밥이 되네

내가 당신에게서
힘을 얻듯이

당신도 나에게서
힘을 얻는다고 하네

매일 먹는 밥처럼
없어서는 안 되는 사랑

서로에게
든든한 버팀목이 되네

부부의 사랑은
꽃보다 귀한 밥이라 하네

시간

나이가 든다는 건
이승에서의 날이 그만큼 짧아진다는 것

내가 아는 사람들이 하나 둘씩
이승을 떠나고 있다

밤하늘에서 유성이 길게 떨어지는걸 보며
가버린 그들을 생각한다

밤하늘의 별은 셀 수없이 많아서
한 두 개의 별이 사라져도 여전히 똑같이 보인다

이승과 저승 사이를 가늠할 순 없지만,
그렇게 먼 거리가 아니라는 것

소중히 여겼던 사람들이 사라지고 난
이승은 쓸쓸하고 허전하다

산다는 건 자기 몫의 일을 하는 일
더 열심히 사랑 해야겠다

우리가 서로 사랑한다면

우리가 서로 사랑한다면, 꽃이 피어날 꺼야
그래서 향기를 남길 수 있을 꺼야

주어진 우리의 시간을 사랑으로 채운다면,
그분은 기뻐하실 꺼야
무엇보다 더 귀한 것은 사랑

보이지 않는 곳에서 풀꽃처럼 살아도
사랑은 좋은 열매로 남을 꺼야

우리가 서로 사랑한다면 추위를 몰아낼 수 있을 꺼야
따뜻한 봄이 푸르게 일어설 꺼야

벗에게

너는 멀리 있는 빛이다
가슴에서는 빛나고 있지만
이제는 닿을 수 없는 하늘의 별이다

너와 함께 있을 땐 세상이 너그러웠어
뜰에 소박하게 피어 있던 분꽃처럼
세상은 예쁘고 평화로웠어

나의 중요하지 않는 말에도 잠잠히 귀 기울였고
언제나 조용히 웃고 있었던 네 두 눈

그러나 지금은 너는 멀리 있는 빛이다
하늘에서 반짝이는 별처럼
삶이 어두울 때도 항상 빛으로 남아 있는 너

나는 그 동안 너와
빛바래지 않는 사랑을 했나 봐

영원한 벗에게

오늘밤에도 밤하늘의 별을 보며
너를 생각한다

가을엔 우리는 공원을 자주 찾았고
호젓한 공원 벤치에 앉아
떨어지는 낙엽을 보곤 했어

눈이 내릴 땐
눈 속을 그냥 걸었다

힘이 들 때도 네가 있어 힘을 얻었고
네가 미소 지으면 내 마음도 덩달아 웃었지

지금은 희미해 졌지만 너는 나의 영원한 벗
이따금 빛바랜 추억을 더듬는다

친구야

나는 너를 생각한다
내 마음속에 각인된 너를

내가 걸어온 길은
때론 비바람이 불었고
쓸쓸했던 시간이 참 많았다

외로울수록 너는 더 깊이
내 마음속에 각인된다

오늘도 나는 너를 생각한다
잃어버린 너를

오늘은 하늘이 유난히 푸르러
내 마음이 아려온다

아직도 네가 너무 그리워
친구야, 내 마음에선 비가 내린다

편지

오늘은 하늘이 몹시 푸르러
네 얼굴이 떠오른다

이따금 너를 잊은 듯 했지만,
너는 여전히 내 가슴에 살아있고

그리움의 바람이 세차게 몰아치면,
나는 한 구루 흔들리는 나무

보고 싶다
따뜻한 아랫목에서 뜨개질 하던 너를 보며
아무런 근심 없이 살았던 그때

네가 떠난 후
나는 하늘을 보며 아득해 했지
가을이 오면
나는 너에게 또 부치지 못할 편지를 쓴다

가을밤

가을밤
바람이 쌀쌀하다

뜰에선 풀벌레 울음소리
별이 초롱초롱하게 빛을 발한다

홀로 오래 있어본 사람은
사람의 소중함을 안다

조금 손해를 본 듯한 것이
나의 삶을 풍성하게 한다

별밤에 떠오르는 얼굴들
잎이 지는 소리, 울며 날아가는 기러기들
가을은 나에게 한아름 그리움을 안겨주었다

마음

사람의 마음은
때론 깨지기 쉬운 유리그릇

당신의 거친 말에
금이 간 마음이 있음을 아시나요

당신의 작은 칭찬에
꽃을 피우는 마음이 있음을 아시나요

마음은 깨지기 쉬운 유리그릇
말은 때론 비수가 되기도 하고
때론 따스한 햇살 같은 것

사람의 마음을 얻는 것이
금, 은을 얻는 것보다 유익합니다

마음의 소리

꽃이 피지 않으면
열매를 맺을 수가 없지

만약 꽃이 피워나지 않는다면,
초목과 곡식과 벌, 나비가 사라지고
세상은 곧 비워 지게 될 꺼야

올봄 사과 꽃이 만발하게 피어
가을 과수원에서 사과가 향기롭게 익어가네
우리들의 희망은 좋은 열매를 맺는 것

그러나 사랑 없이는 꽃을 피우지 못한다고
내 마음에서 울려오는 소리

참 좋은 사람

사랑이 깊어지니
당신의 모든 것을 사랑할 수 있네

당신에게
내 마음 전부를 걸 수 있네

때론 빗발치는 소리에
귀 기울이자는 늘 고요하신 당신

때론 가로등 아래로 쏟아지는
눈발을 바라보자고 하시는 참 좋은 사람

내가 당신을 깊이 알지 못했더라면
한결 같은 마음을 가진 당신을 몰랐을 것입니다

남아있는 것

하늘은 푸른빛 수정으로 흐른다
한낮은 고요하고, 햇살은 따스하다

가버린 것들은
푸른 하늘로 흐른다

잎새 없는 나무를 보노라면
하늘은 파랗게 멀어져 가고
바람결로 스쳐가는 옛 이야기

그리움은 드넓은 수평선으로 흐른다
흰 돛배를 펴고 가만히 노 저어 가노라면,
소리 없이 몰려드는 것들
빛깔 없는 것, 향기 없는 것
그런 것들이 몰려와 춤을 추다가 스러지면,
고요한 가슴은 푸른 하늘로 흐른다

친구를 생각하는 밤

너를 생각하며 바라본 가을 뜰에선
싸늘한 바람이 불고 있다

어둠이 긴 그림자를 드리우며
내리는 창밖

홀로 있는 시간
나는 빛바랜 앨범을 넘기듯
그 시절을 꺼내어 보고 있다

지금은 그리움으로 그늘이 되었지만
그때 너는 나의 힘이었고, 기쁨이었고 위안이었지

이따금씩 나를 허전하게 하는 친구야
너를 생각하는 밤
가을바람이 길게 피리를 불고 있다

어느 독거노인

그의 집은
무인도에 있다

낮과 밤
파도가 몰려오고 또 몰려간다

항상 혼자이다
들리는 건 파도소리
때가 되면, 꽃이 피고 또 진다

외로움으로 굳어진 그의 얼굴
남아있는 건 어렴풋한 추억

무지갯빛 사랑을 하십시오

그대는 아름다운 무지갯빛 사랑을 하십시오
빨간색 정열을 가지고, 주황색 안락함도 누리며
노란색 평화로움과 초록색 생동감이 있게 하십시오

그대의 삶이 무지갯빛이게 하십시오
파란색 고요함을 지니며, 때론 남색 깊은 사색에 잠기고
보라 빛 신비와, 그 위에 언제나 사랑을 더하십시오
그대의 사랑이 아름다운 무지갯빛이게 하십시오

노래

당신은 덕을 노래하지만
나는 정을 노래합니다

덕은 존경을 받지만
*정은 우리들의 따스한 이웃입니다

덕 앞에선 옷차림을 고치지만
정 앞에선 초라한 나를 열어 보입니다

덕은 힘을 가지지만
정은 치료의 손길입니다

당신은 덕을 노래하지만
오늘도 나는 정을 노래합니다

*고은의 시에서

불새

어둠을 헤치고 한 마리 불새가
서서히 동녘 하늘에서 날아오른다

붉게 물든 하늘, 나무들의 신선함
하루가 하얗게 미소 지으며 창을 연다

큰 거리엔 차들이 분주하고
작은 거리에선 아침 산책을 하는 사람들
아직은 바람이 차가운데 거리는 활기를 띈다

이때쯤이면 불면으로 지샌 밤의 괴로움이 사라지고
아침 하늘의 눈부심이 속삭인다

희망을 잃지 않는 한 아직 가진 것이 많음을 감사한다고
저렇게 불새가 힘차게 날아오르듯이
인생의 어둠을 힘 있게 뚫고 나가라고—

그대와 함께 있으면

그대는 푸른 하늘과도 같습니다
때론 푸른빛 나무이기도 하고
시원한 바람이기도 합니다

그대와 함께 있으면 세상 시름을 잊습니다

언제나 내 마음을 재빨리 알아차리시는 이여
그래서 언제나 나에게 만족을 주시는 이여

동터오는 새벽의 신선함을
저녁노을의 아름다움을 보여 주시는 당신

나는 그대의 품에서 세상 근심을 잊은
평화로운 아이입니다

제4부

봄날

해바라기

너는 태양을 보며 하루를 보낸다
너는 가슴앓이를 많이 했나 보다

네 노란 꽃잎은 섬세하고
가슴은 까맣게 타 있구나

너는 누구보다 더 많이 아파했나 보다
성숙한 눈매로 키가 훌쩍 큰 너

너는 사랑이 무엇인지 아는 꽃
기다림을 씨앗으로 맺어 가슴에 가득 안았다

비가 오면 너는 고개 숙인다
기다리는 이가 더디 오심을 슬퍼하지 않는다

바람과 햇살

그이가 일을 가고 난 후
나는 바람과 햇살이 어울리는 것을 보며 논다

찾아오는 이 없어
언제나 고요한 나의 집

5월이라 바람과 햇살은 따스하고
뜰은 초록빛이다

세상 구석구석을 다 가서 본
바람은 알 것이다

누구의 삶이 아름다운지—
누구의 삶이 눈물 빛인지—

어차피 모든 것은 다 혼자이며
제각기 삶의 무게를 지고 있다고
그래서 바람과 햇살은 저렇게 잘 어울린다고

여름

푸른 하늘 아래서 잔잔히 바람이 불고
둥근 나무들이 서 있다
아름다운 것들

향기로운 여름 공원, 분수대의 시원한 물줄기
키 작은 장미나무 사이로 걸어 다니는 사람들

잠시 그대와 떨어져 있는 사이
나의 정오가 기다림으로 지쳐 절룩댄다
일몰의 찬란함도 스러지고 나면

하늘에서 반짝이는 별들
포도송이의 단맛이 스며들어
한 여름 밤의 바람이 달다

내가 그대를 많이 기다리나 보다
별 하나 하나에 이름을 붙이고 있다

편지 2

가을이 깊어가는구나
이제 논에는 노란 볏단까지 치어지고
텅 빈 논에는 바람만이 불고 있다

요즘은 어떻게 지내니?
네 풍성한 마음을 아직도 나누고 있는지
그래서 인정의 꽃이 피어나고 있는지

이곳은 가을이 깊어
낙엽은 바람에 다 흩어지고
빈 하늘만이 끝없이 흐르고 있어

한번도 내가 너에게 말한 적이 없는
나는 그런 네 마음을 깊이 사랑하고 아끼고 있다고
변함없이 늘 네 마음을 나누며 살라고
그것이 얼마나 복되고 아름다운 일인지 너에게 말하고 싶다

시골을 좋아하던 너에게 각박한
도시 생활이 힘겹고 버거운 일이겠지만
마음이 빈곤한 사람들이 많은 그곳에서
아름답게 인정의 꽃을 피우라고
언젠가는 상처 입은 이들의 마음도 열리기를
그곳이 예쁜 꽃밭처럼 향기로워 지기를 바라며

늘 건강하렴
그럼 안녕

다투고 난 후

그대의 사랑을 내가 아오니
내 여린 마음을 근심하지 않아도 좋다

나도 그대를 사랑하오니
사랑은 모든 허물을 덮어준다

한 여름 숲 속에서는
초록 잎새가 햇살에 타 오르고

지평이 하늘을 닿는 초원에서는
꿀벌들의 잉잉대는 소리

그대의 깊은 사랑을 내가 아오니
이제 나로 인해 근심하지 않아도 좋다

사랑은 이해하고 용서하는 어진 마음이다
우리는 이제 한 구루 나무이오니

시간 보내기

하루해가 빨리 저물었으면
그래서 그이가 빨리 돌아왔으면

시간이 너무 더디 갈 때면
나는 음악을 크게 틀고 목청껏 노래를 불렀지

모래시계는 소리도 없이
모래를 떨구었네

무엇엔가 열중해야 했다
그래서 시간이 바람에 날려갔지

일몰도 사라지고
어둠이 드리워질 때
돌아 온 그이를 나는 보았네

소년, 소녀들에게

소년, 소녀들아
주어진 너희의 삶을 마음껏 즐겨라
시간은 잡을 수 없는 것
삶의 고뇌도 슬픔도 모르는 때에
너희는 맘껏 웃고 뛰놀아라

누구에게나 젊음은 있고
무심한 것은 세월
황혼기엔 가버린 날들을 회상한다

소년, 소녀들아
젊음은 시간과 함께 가나니
젊었을 적 꿈과 낭만은 쇠퇴해 지고
때 묻은 지난 세월을 버릴 수 없다

너희들은 지금 꽃봉오리
아름다운 시절
순수하여 눈부신 시절

봄

봄이라고
속삭이는 소리

뜰은 초록빛이고
나뭇잎이 자라고 있다

즐거운 것은
상쾌하고 명랑하다

거리를 걷는 사람들
옷차림이 곱고 화사하다

Deck에 나간다
봄의 숨결을 호흡하기 위하여

잊혀진 것들

잊혀진 건 떠돌이 별 만이 아니야
잊혀진 것은 멍든 바람으로도 분다

아스라히 멀어진 별
슬픔에 목쉬어 버린 바람

누가 잊혀진 것들을 아는가
어디에선가 흐느끼는 그들을

세상에서 망각의 계곡 속으로 추락한 것들이
바람의 이름으로 불어오고 있다
별의 이름으로 희미해지고 있다

행복을 주는 사람

그대가 아니면 누가 하여요
그대의 아름다운 성품, 빛나는 미소
마음이 아픈 사람을 어루만질 줄 아는
온유한 그대가 아니면 누가 하여요

그 동안 모진 말 한번 하지 않은 그대의 입술
그대의 부드러운 눈빛
그런 그대가 마다하시면 누가 하여요

당신이 가는 곳엔 언제나 웃음이 있고
분위기는 따뜻했지요
당신은 행복을 주는 사람
그런 그대가 아니면 그 일을 누가 하여요

이 메일

올해는 여름이 뒷걸음질 칠 그때쯤
그대가 오셨으면 좋겠습니다

시원한 아침, 갑판에 앉아
그대에게 이 메일을 띄웁니다

늘 반복되는 나의 생활의 리듬을 한번씩
깨 주시는 그대

그대가 오시는 날엔
서늘한 바람이 불었으면 좋겠습니다

여름과 가을의 경계 사이라
여름 꽃이 씨앗을 맺을 쯤이면 좋겠습니다

그러면 뒤뜰 떡갈나무 그늘 아래서 모닥불을 피우며
우리는 또 이야기꽃을 피우겠지요

아름다운 사랑 이야기도 좋고

삶을 성실하게 살아가는 평범한 사람들의 이야기도 좋아요
그렇게 우리의 하루가 예쁘게 저물었으면 합니다

이 메일 드리는 것은 올 여름에는
언제쯤 우리 집에 오시려는 지요?

삶

꿈을 꾼다
집착한다
고통스러워 한다

지구는 뒤척이다가
밤을 낳았다

무수한 별빛 아래서
꿈, 집착, 고통이 윤곽을 들어낸다

부질없는 꿈을 놓아 주어라
집착의 동아줄을 끊어라
그러면 고통의 반은 사라질 것이다

남은 고통은 어쩌지?
더불어 살아야 한다고
바람이 속삭이며 지나간다

시선

누구에게나 푸른 하늘이 보이는 날이 있고
추적추적 궂은 비 내리는 날도 있다

삶이란
마음가짐에 따라 달라질 수 있는 것

오늘 내가 주목하는 것
그것이 나의 하루를 지배한다

정원에 꽃이 피어있다.
그러나 잡초도 있다

삶도 그렇다
평화를 깨는 것들

그대 시선이 머무는 곳
꽃을 보고 있다
잡초는 보지 않는다

달아나는 시간

또 내 삶의 한 페이지를 넘긴다
자정 12시, 헤아릴 수 없는 별들

아름답던 꽃도 시들고
지금은 노란 낙엽이 우수수 진다

*그대는 봄을 여름으로—
여름을 가을로 바꾸어 놓았다

계절이 바뀔 때마다
어쩌면 내 생각의 깊이도 달라졌을지 모른다

매일 달디단 잠에서 깨어나 보면
새 아침, 새로운 태양

어제 피었던 꽃이 지고 있다
못 다한 사랑 씨앗으로 남긴 채_

*? 어디서 읽은 것 같기도 하다

가을 사랑

가을날, 사랑한다는 것은
한없이 깊은 강으로 흐르는 것이지

가을 과수원에서 사과가 익어가듯
향기롭게 익어가는 것이지

지금은 싱그럽던 우리의 젊음은 가고
세월이 만든 그대의 얼굴에서 나를 보는 것이지

가을날 우리의 사랑은
생의 절정에서 타오르고 있는 단풍나무가 되는 것이네

봄날

대지를 안아주는 손길이 있다

얼은 땅을 녹이는 손길이 있다

흙은 가볍게 풀리고
곧 씨앗을 움트게 하리라

나를 바라보는 눈빛이 있다
내 마음에 꽃을 피우는 이가 있다

대지는 한 폭의 수채화
여인들은 날듯이 가벼운 옷을 입으리라

무겁던 마음을 풀어주신 이
어둡던 마음에 빛을 주신 이
그대가 있어 세상이 아름답습니다

용서

사랑하는 사람에게는
커다란 잘못도 용서가 되지만

사랑하지 않는 사람에게는
작은 잘못도 용서가 안 된다

사람은 누구나 비슷하다
사랑하는 사람, 사랑하지 않는 사람

용서가 안 된다는 것은
그 사람을 사랑하지 않는다는 것

사랑은 허물을 덮어주고
감싸 안는 어진 마음이다

하나님은 우리를 늘 용서하신다
그분은 사랑이기 때문

여름 꽃

여름을 보내고 난 후의
꽃은 조용하다

가슴에 까만 씨앗을 안은 채
가을이 오는 소리를 나직이 듣는다

그 동안 낭비해 온 세월
하찮은 것에 매달려 버둥거렸던 때

꽃은 가버린 것에 대하여 더 이상 생각하지 않는다
다만 오늘 하루의 햇살을 충분히 받으려할 뿐

서늘한 바람 속에서
가장 소중한 것이 무엇인지 비로소 깨닫는다

씨앗이 여물고 있는 꽃은 수척하지만
오히려 따스하고 넉넉하다

봄 2

봄은
꽃으로 발자국 소리를 낸다

수런수런 봄이 오는 소리는
흙에게 웃음을 준다

한낮의 햇살은 따스하고
물오른 잔디밭은 싱그러운 초록빛

봄은 제일먼저
꽃으로 발자국 소리를 낸다

너는 봄에서 무엇을 보았느냐?
나는 살아있는 것에서 사랑을 보았습니다

6월

신선한 이른 아침, 갑판(deck)에서 커피를 마신다
나무가 많은 이곳엔 나뭇잎 사이로 푸른 하늘이 보이고
싱그러운 잔디밭, 무리지어 피어있는 보라 빛 풀꽃들

거름을 많이 준 텃밭에는 토마토, 호박, 오이, 부추가 자라고
나는 아침이 주는 행복에 감사한다
쾌적한 온도, 나뭇잎들은 하늘을 덮고 바람은 꽃잎처럼 부드럽다

6월의 발자국 소리는 희망처럼 푸르고
생명으로 가득 찬 뜰에선 푸른 음성을 듣는다
그리고 헤아릴 수 없이 주어진 축복에 깊이 감사한다

효재의 뜰

효재의 뜰, 여름은
초록으로 터질 듯이 물이 올랐다

사람들이 눈 여겨 보지 않는 풀꽃까지도
그녀의 뜰에선 예쁘게 꽃을 피운다

연못에선 연꽃이 피고
갖가지 피어있는 꽃들로 풍성한 뜰

행복은 큰 것이 아니라고
효재의 뜰은 말한다

밭에는 언제나 먹거리가 있어
언제 손님이 와도 대접할 것이 있단다

그대가 삶에 지쳐 있다면
그녀의 뜰로 가라

그래서 그 동안 움켜잡고 있었던 것들을 내려놓고
놓치고 있었던 것이 무엇인지 보라

제5부

사랑의 선물

봄은 사랑인가 보다

이른 아침
태양이 떠오르면 하늘은 눈부실 것이며
봄은 꽃잎을 먹으며 익어갈 것이다

사랑이 없는 것은 삶이 아니다
어떤 장애물도 사랑 앞에선 왜소하다

사랑은
아름다움을 볼 수 있는 눈이며
서로를 용서할 수 있는 어진 마음이다

갑판에 나가니 공기가 따스하다
모든 것이 살아 있다
봄은 사랑인가 보다

6월의 아침

땅은 기름지고 싶어한다
거름을 많이 준 텃밭은 약속처럼 많은 수확을 주지

지난달 호박, 토마토, 오이를 심었고
모종에 푸른 물이 오른 후
작년부터 모아둔 커피 찌꺼기와
감자껍질들을 밭에 많이 묻었다

그것들은 밭을 기름지게 하고
식물들을 쑥쑥 자라게 한다
채소를 검푸르게 한다

6월, 싱그러운 아침
어젯밤 내린 비로 꽃밭에는 꽃이 피고
채소들은 한치 키가 더 크고 토실토실 해졌다

6월 2

아침에 일어나 커피를 마시며
무성한 단풍나무를 본다

나뭇잎 사이로 햇살은 반짝이고
간밤에 내린 비로 단풍잎은 더욱 싱싱하다

아름다움을 보면 기쁨이 인다
6월의 바람은 따스하고 부드럽다

행복은 사소한 것에 있다고
가슴 저릿하게 느끼는 신선한 아침

바다

그대는 푸른 바다, 드넓은 수평선이어라
내 좁은 마음 확 트이게 하네
해변에 가면,
파도는 모래 기슭을 축축히 적시며 놀지

그대는 나의 바다
오늘도 그대에게 마음을 기대며
몰려오는 파도소리를 듣네

언제나 한결 같은 그대여
늘 그리움으로 출렁대는 나의 바다여
마음이 무거울 땐 나는 그대에게로 가지

비 내리는 날

비 내리는 날은
바람이 빗발 사이로 다니며 깨끗해 진다
맑고 신선해진 바람, 아— 소리를 지른다

방안은 호젓하고
비의 발자국 소리만 들린다

비 내리는 날은 혼자이어서 좋은 날
하얀 빗발소리

바람은 빗발을 몰아다가 창을 아롱지게 하고
내 마음도 축축이 젖어 든다

씻어 지는구나
그 동안 쌓였던 권태로운 생각까지도—

가을

싸늘한 바람은 계절을 깊어지게 한다
가을은 낙엽에 묻혀 저물어 가고
낙엽은 연한 향기를 풍긴다

갈증의 여름은 갔다
지금은 내려놓아야 할 때
하늘을 바라보는 마음은 고요하다

분주할 때가 있으면 쉴 때가 있다
휴식의 겨울이면 흰 눈발이 사각사각 쌓이며
세상을 덮을 것이다

풀벌레 울음소리가 들리는 지금
밤하늘엔 별들이 꽃처럼 활짝 피었다

그대 나무는

그대는 노을의 계절입니다
지금 그대 나무는 아름다운 노을빛입니다

연두 빛 새순이 아프게 자랐고
갈증 난 여름을 푸르게 태우던 지난날이
사랑처럼 따뜻하게 젖어 있습니다

지금은 그대의 가을
햇살이 맑고 하늘이 투명합니다

이제, 그대에게선 하늘 내음이 납니다
마음을 비우고 또 비워낸
그것은 해맑은 푸른 하늘과도 같습니다

그대의 가을이 깊어 갑니다
그대 나무에 노을이 더 짙어지고 있습니다

사랑의 선물

기쁨은 사랑의 다른 얼굴이지
사랑이 있는 이들과 살아간다는 건
감사한 일이네

떡갈나무 무성한 잎새는
따가운 햇살을 가려주네

그 그늘 아래 나무 그네에 앉아
우거진 숲을 보네
아름다운 정경은 나에게 평화를 준다

마음이 기쁘면 얼굴에서 빛이 나네
기쁨은 사랑이 준 선물이지

꽃 이야기

바람이 시원한 여름 밤
뒤뜰에선 검은 떡갈나무가 물결친다

별빛은 영롱하고
꽃밭에는 꽃이 가득 피어있다

옆집 갑판에선 처녀 총각이
향기롭게 서로를 바라보고 있다

그들은 알고 있을까
지금 그들이 갓 피어난 꽃이라는 걸
아득한 나의 옛 이야기라는 걸

아름다운 밤의 별빛
향기로운 바람, 싱그러운 이들

나는 꽃 이야기를 쓰고 싶다
청춘은 꽃이라고
젊음이 바로 싱싱하게 물오른 꽃이라고

시간의 골목을 걷는다

시간의 골목을 걷는다
때는 새벽 4시
창밖은 어둠에 묻혀있어 보이는 건 검은 나무들

고요한 시간의 골목길을 기웃 된다
텅 빈 길 앞에서 무엇을 들고 가야할지 생각한다

노래를 가지고 가리라
기쁨이 살며시 찾아와 어깨동무를 한다

사랑의 날

오늘 그는 하트 모양의 초콜릿과
노란 튤립 한 다발을 나에게 선물했습니다

2월이라 창밖은 바람이 매서운데
탁자 위에 놓인 노란 튤립은 봄을 부르고 있습니다

행복은 가까운 데 있다고
현인들은 말했지요

그이의 부드러운 눈빛
튤립에서 나는 신선한 봄 내음

행복이 일어서고 있습니다
사랑이 일어서고 있습니다

삶의 길목에서

가을이 내게로 걸어오고 있습니다
내 삶의 길목으로 가을이 차오르고 있습니다

내가 한 구루 나무라면
지금은 단풍이 들 때 입니다

나를 힘들게 했던 친구들은
이제 내게서 떠나고 없습니다

언제나 자기 자랑만 하며
자기를 내 세웠던 친구도 스스로 멀어 졌습니다

몇몇 가난한 나의 이웃이
등불을 켜고 내 곁에 남아있습니다

사랑할 줄 아는 남편이 나와 함께 꽃을 피우고 있어
나는 나의 가을이 아름답다고 말할 수 있겠습니다

오늘은 좋은 날

어리석은 생각은
고통스럽던 순간을 끄집어내어
나로 하여금 그 시간을 다시 살게 한다

그 얼마나 부질없는 일인가
오늘은 하늘이 푸르러서 좋은 날

봄이 수선화로 발자국 소리를 내는
햇볕이 따스한 날에—

새벽에

이른 새벽
창밖은 아직 어둠에 갇혀있네

그이가 깨어나면
아침은 분주해 질 것이며
우리들의 목소리, 발자국 소리가 날 것이다

매일 똑 같은 일상의 소중함이여
단순한 것에서 행복은 느낄 줄 아는 마음이여

일출을 보며
또 시작될 나의 하루여!

시 속에 빠지다

그대의 시를 읽으면
나는 그대가 사색의 골짜기로 깊이 들어가는 것을 본다

그곳에 있는 활엽수에
머리를 기대며 잠시 쉬는 것도 본다

그대가 골짜기에 있는 시원한 개울물을 만나
발을 담그며 노는 것을 볼 때

나도 골짜기로 발을 들여 놓는다

기도

아름다운 것들을 헤아려 봅니다
해와 달, 별, 푸른 하늘, 저녁노을
나무와 꽃 그리고 착한 사람들
빗소리 바람소리 하얀 눈발….

이렇게 아름다운 세상에서
전쟁이라니요?

사람들의 욕심이 전쟁을 부릅니다
무고한 생명을 무수히 앗아가고 있습니다

평화의 왕이시여
침략자들을 몰아내소서
폐허가 된 땅에 다시 당신의 평화로 채우소서

전쟁은 당신을 미워하는 행위입니다
부디 유크레인 땅에 임하셔서
그들에게 안식을 내리소서

동반자

그대는 비바람을 막아주진 못했지만
나와 함께 빗속을 걸었던 사람

그대는 나의 슬픔을 다 없애주진 못했지만
나와 함께 슬픔을 나누던 사람

그대는 잡초 속에서도 꽃을 눈 여겨 볼 줄 알았고
나의 허물보다는 좋은 점만 바라보아준 유일한 사람

오늘도 나에게 힘을 주시는 그대는
주님이 내게 선물 해준 사람입니까?

노을 무렵에

가을 과수원에 빨갛게 사과가 익어가듯
우리들도 익어가고 있습니다

그 동안 못 다한 사랑 할 때라는
마음의 소리가 있습니다

지금은 포용하고 용서해야 할 때
사랑만 하기도 부족한 시간

향기롭게 살라고
사과를 스쳐온 바람의 목소리

노을 무렵, 지금은
동시대를 살아가는 이들의 애환을 들여다 볼 때
아름답다는 건 배려할 줄 아는 마음입니다

네가 만약

네가 만약 이것을 안다면
네 삶은 좀 더 고요해 지리라

말을 해야 할 때와
침묵해야 할 때

사랑할 때도

지혜로워야 한다는 걸 알게 된다면
네 삶은 좀 더 평탄해 지리라

가을 노래

나의 노래는 당신에게서 나옵니다
가지마다 가을이 앉아있어 향기롭습니다

산책길은 단풍잎으로 물들어 가고 있습니다
나는 바람 속에서 잠시 당신을 생각했습니다
나도 모르는, 나에게 가장 좋은 것이 무엇인지 아는 당신을-

나의 노래는 당신에게서 나옵니다
아침 햇살에 단풍잎은 서리 빛으로 반짝입니다

그리고 일시적인 아름다움에
내 마음은 고요한 기쁨이 일어섭니다

푸른 하늘 한 귀퉁이로 붉은 단풍이 타오릅니다
내 삶의 가을이 깊어 가고 있습니다

작가에 관하여

조정하는 1961년 전남 여수시 율촌면에서 출생한 여류시인이다. 2009년 『해외문학』 신인상 시부문에 당선되어 미주문단에 등단했다. 2010년 『창조문학』 신인상에도 시가 당선되었다.

현재 미국 메사추세츠 주에 거주하는 조 시인은 시집으로 「나팔꽃」, 「조개껍질」, **그리고** 「인생의 일기장」 등을 출간했고, 이번에 「노을 무렵의 사랑」을 출간하게 됐다. '해외문인협회'(미국) 회원이다.

E-mail : pmachong@gmail.com

노을 무렵의 사랑

조정하 시집

2023년 8월 15일 인쇄
2023년 8월 15일 발행

지은이 조 정 하
펴낸이 신 용 호
펴낸곳 창조문학사

서울 서대문구 홍은동 397-26 동천아카데미 5층
등록번호 제1-263호
전화 374-9011, Fax 374-5217
공급처 한국출판협동조합 전화 716-5616~9

저자와 협의에 의해 인지를 생략합니다.
파본은 바꾸어 드립니다.
값 10,000원
ISBN 978-89-7734-801-1